# Wie das Glück zu Rita Ricotta kam

WILL GMEHLING
*Mit Bildern von* ISABEL PIN

CARLSEN

Einmal ging das Glück über eine gusseiserne Brücke und begegnete einem Vogel, einem dieser schwarzen Geschöpfe. Groß und zerzaust hockte er auf dem Kopf eines Engels und sah das Glück an, mit seinem lodernden Blick aus Tinte und Nachtwind.

»Wohin, scheuer Wanderer?«, krächzte er.

»Rita Ricotta suchen«, antwortete das Glück. Es hatte heute diese silbrig-feine Stimme, die es so unwiderstehlich macht. Es war allerdings auch sehr müde, das Glück, vom vielen Suchen. Denn Rita Ricotta versteckte sich.

»Wird mühsam werden«, rief der Vogel heiser.

Das Glück nickte. »Hast du Kirschen?«, fragte es.
»Woher weißt du das?« Der Vogel schlug überrascht mit seinen mächtigen Schwingen. »Immerhin ist gerade Oktober.«
Das Glück zitterte vor Verlangen. »Her damit!«
»Es sind die letzten drei«, gab der Vogel zu bedenken.
Wie fordernd das Glück doch war! Jetzt stellte es sich auf die Zehenspitzen seines linken Fußes und tanzte eine wilde Pirouette.
»Schon gut!«, rief der Vogel und rollte dem Glück die Kirschen hin.
Das Glück liebte Bäume. Es setzte sich unter einen gelb glühenden Bergahorn, streckte die Beine aus und gähnte. Dann nahm es eine der paradiesischen Früchte und betrachtete sie verträumt.
Mit drei Kirschen ließ es sich wunderbar jonglieren. Darin war das Glück ein wahrer Meister!
Ganz mühelos hielt es die Kirschen in der Luft, und zwar ohne hinzusehen, so dass der Vogel bewundernd ausrief:
»Oh! Wo hast du das gelernt?«
Das Glück sah auf zum Himmel. Am Himmel standen Bilder von Sternen. Dann steckte es die drei Kirschen gleichzeitig in den Mund und verspeiste sie mit größtem Vergnügen.

Wenn es etwas gab, was Rita Ricotta nicht ausstehen konnte, dann war es Rosenkohl. Oh, es gab noch andere Dinge, die sie ablehnte, zum Beispiel Weihnachten oder den Frühling. Rosenkohl aber war das Schlimmste.
Rosenkohl schmeckte nach durchschwitzten Strümpfen, Rosenkohl war wie ein kranker Tag.
Ritas Nachbar, Herr Grandezza, kochte oft Rosenkohl. Das ganze Mietshaus roch danach.
Rita wohnte in einem Zimmer ohne Fenster, in der Nähe des Zentralbahnhofs, in der großen Stadt. Nachts hörte sie die Güterzüge, wie sie die Stille durchschnitten. Dann seufzte Rita und versuchte, wieder einzuschlafen.

Sie arbeitete in der Fischfabrik, wo es immer sehr kalt war. Immer sehr kalt bedeutet, dass Rita andauernd fror.

Noch etwas zum Rosenkohl: Rita hatte das immer essen müssen, in einer Zeit, wo man noch gezwungen werden kann, Sachen zu essen, die man nicht mag: in der Kindheit.

Rita war allein wie ein streunender Hund, immer ohne Gesellschaft, immer verloren im Regen.
Am Wochenende fuhr sie oft mit dem Bus ans Meer, dorthin, wo sonst niemand war, und sah in die Gischt.
Oder sie blieb im Bett und blätterte in alten Zeitschriften.
Hier ist einiges, was Rita mochte: erfrischende Schokoladentaler, mit Orangengelee gefüllt. Filme über Außerirdische. Mangahefte.
Sie dachte auch über alles Mögliche nach, zum Beispiel darüber, dass sich andauernd und überall alles ändert.

Aber auch über ihre roten Schuhe dachte sie nach. Rita war versessen auf Schuhe. Als kleines Mädchen hatte sie einmal ein Paar gestohlen, und zwar ihrer eigenen Mutter! Es waren elegante Lackschuhe. Rita versteckte sie im Schuppen hinter dem Haus und tat so, als wüsste sie von nichts. Wenn ihre Mutter bei der Arbeit war, schwänzte Rita manchmal die Schule und spazierte in den Schuhen ihrer Mama durch die Straßen. Ritas Mutter musste von nun an ohne ihre geliebten Lackschuhe weiterleben – und Rita Ricotta bekam deswegen später ein entsetzlich schlechtes Gewissen. Sie trug es mit sich herum, dieses schlechte Gewissen, tagaus, tagein, auch als sie schon groß war.
Ein schlechtes Gewissen ist wie ein böser Traum.
Oh, das Glück war Rita unbekannt. Es gehen alle möglichen Leute durch die Gegend und sind froh. Rita aber nicht.
So schlecht stand es um Rita, als das Glück persönlich beschloss, nach ihr zu suchen.

Es war gerade Oktober, scharlachrot leuchteten die Ebereschen. Frühmorgens hatte das Glück beim Raureif gesessen und offenen Auges geträumt, und zwar von Rita. Es hatte gleich alles verstanden, also das miserable Leben Ritas, all das Herumlungern, und auch die Sache mit dem Rosenkohl oder die mit den gestohlenen Lackschuhen. Und dann war es auf die Suche gegangen, auf die Suche nach Rita Ricotta.

»Als ich sie das letzte Mal sah, saß sie auf einer rostigen Schaukel und starrte vor sich hin«, erinnerte sich der schwarze Vogel. »Es war am Meer. Sonst war da niemand.«
»Am Meer also«, sagte das Glück. »Natürlich.«
»Bevor du aufbrichst«, bat der Vogel, »hättest du vielleicht die Güte, über mein Gefieder zu streichen? Ein wenig von dir könnte auch mir nicht schaden ...«

Herr Grandezza musste eine Sonderlieferung Rosenkohl erhalten haben, denn seit Tagen kochte er nur noch Rosenkohl. Nicht allein das Treppenhaus, nein, die ganze Gasse roch nun danach.
Herr Grandezza war im Grunde seines Herzens ein guter Mensch. Seine Rosenkohl-Leidenschaft aber machte, dass Rita Ricotta ernsthaft daran dachte, woanders hinzuziehen, irgendwohin, wo kein Rosenkohl wuchs, also in die Sahara beispielsweise. Dort allerdings war auch das Meer sehr fern. Und Rita brauchte das Meer, wie andere Leute ihre Medizin brauchen oder einen gesunden Schlaf.

Wenn Rita bei all den Güterzügen nachts kein Auge zubekam, plagte sie ihr schlechtes Gewissen wegen der gestohlenen Lackschuhe. Die Geschichte war schon Jahre her. Trotzdem quälte sie Rita noch immer.

So kann es nicht weitergehen, dachte sie eines Morgens plötzlich, als sie auf ihrem Stuhl saß und frühstückte. Denn wenn es so weitergeht, werde ich bald ganz runzlig vor Kummer sein.
Dies war das erste Mal gewesen, dass Rita so etwas dachte. Zum ersten Mal in ihrem jungen Leben fand sie, dass sie zu etwas anderem geboren war als zum Elendsein.

Als sie dann zur Arbeit ging, kam ihr der Himmel auch gleich lebendiger vor als sonst, obwohl er einfach nur blau war, mit schwimmendem Wolkengetier. Und auch die Luft war anders, viel klarer, und sie roch auch würziger.
In der Fischfabrik aber war es kalt wie immer. Meine nächste Arbeitsstelle soll so sein, dass ich es warm habe, sagte sich Rita. Ich will nie wieder so frieren müssen!
Ihre Arbeitskollegin hieß Loulou und kam aus dem Süden. Sie erzählte Rita von blühenden Mimosen und saftigen Feigen. Rita nickte und blies warmen Atem in ihre kalten Hände. Sie versuchte, sich alles zu merken.

Das Glück indes wanderte dem Meer entgegen. Es hätte natürlich ebenso gut fliegen können, aber es hatte Zeit. Zeit, sich die Kieselsteine am Wegrand anzusehen oder die herbstmüden Rosen. Dabei summte es Lieder vor sich hin, das Glück, sie handelten vom Nichtstun oder vom Käse oder vom Zähneputzen. Es übernachtete mal in Straßengräben, mal in Fünf-Sterne-Hotels, je nachdem. Es war das Glück, es tat, was ihm Spaß machte.

Bei Rita war es inzwischen so: Sie merkte, dass etwas auf sie zukam. Was es war, wusste sie nicht, es fühlte sich aber gut an, von weitem. Zumindest anders als alles, was sie bisher kennengelernt hatte.
Bald würde es Winter werden, es war nasskaltes Wetter, und Rita hatte oft eisige Füße, weil ihre Stiefel ziemlich löchrig waren.

Loulou erzählte von einer weißen Stadt an einer glitzernden Küste, und das beeindruckte Rita. Sie bekam Hunger nach diesem Süden, auch wenn sie sich dann gleich sagte, dass sie da bestimmt nie hinkommen würde. Loulou sagte, dort zu leben sei das Glück. Rita aber hatte dafür nur ein Schulterzucken übrig. An das Glück glaubte sie schon mal gar nicht.

Am Abend saß sie auf ihrem Stuhl und aß zu Abend. Es gab Grießbrei ohne alles. Rita dachte an die sagenhafte Stadt im Süden, und eine Träne fiel ihr auf den Löffel. Es war bitterkalt in ihrem Zimmer, und Herrn Grandezza musste nebenan der Rosenkohl verbrannt sein, denn es roch noch erbärmlicher als sonst. Rita grübelte und grübelte. Vor lauter Grübelei drang schwarzer Rauch aus ihrem Kopf, durch den Kamin stieg er empor und weiter durch den Schornstein nach draußen.

Dort ging das Glück.
Es dachte gerade an nichts, auch hierin war es gut. Es war auf der Suche nach Rita – doch zwischendurch vergaß es das immer wieder. Dann schlenderte es pfeifend durch die Gegend, bewunderte hier einen Glockenturm, dort eine Ulme, schlenderte weiter, summte vor sich hin. Es kam allerdings auch vor, dass es Lust hatte, sehr laut zu schreien oder sich auf der Erde zu wälzen. Dann erzitterten Dörfer und Länder.
Die Luft roch nach Meer, es war dieser Geruch, der die See so unwiderstehlich macht. Das Glück atmete tief ein und wusste, hier muss es sein, oh ja, hier lebt sie, sozusagen.
Trotzdem hatte es keine Eile. Erst noch die Regentropfen beobachten, wie sie in die Pfützen prasselten. Was für ein aufregendes Schauspiel!
Als es aufblickte, sah es aus dem Schornstein eines Backsteinhauses eine Rauchsäule aufsteigen, eine Rauchsäule wie eine schmutzige Fahne.

»Ich weiß nicht, warum«, sagte in ebendiesem Augenblick Rita zu ihrem Stuhl. »Ich weiß nicht, warum ich gerade jetzt Lust habe, mich zu verstecken.«
Der Stuhl antwortete nicht. Und Rita sprang in ihr Bett und zog die Decke über den Kopf.
Was aber seltsam war: Sie hatte so ein bestimmtes Gefühl, so eine gute Ahnung. Das war wie früher, wenn sie mit ihrem Papa in den Winterferien in den Bergen war und sie am Abend den großen Pferdeschlitten nahmen und durch die schneehellen Wälder fuhren.

Mit einem Wimpernschlag öffnete das Glück die schwere Eisentür und trat in den Hauseingang. Dort war es dunkel, und es roch nach Rosenkohl, nach Rosenkohl und Staub von einhundert Jahren.
Überall auf der Welt gab es solche Hauseingänge, das Glück war ja schon überall gewesen, es wusste Bescheid. In Feuerland oder der Inneren Mongolei, egal – die Häuser der Armut waren sich schrecklich ähnlich.

Leichten Fußes stieg das Glück die Treppen hinauf, bis unters Dach. Dort wohnte Rita Ricotta, ihr Name stand an der Tür. Vor so vielen Türen hatte das Glück schon gestanden, vor so vielen Namensschildern! Manchmal war es einfach wieder gegangen, ohne anzuklopfen, ziemlich oft sogar. War die Treppen wieder hinabgestiegen und hatte sich draußen lieber den Erdbeeren gewidmet, beispielsweise. An diese Tür aber musste geklopft werden, unbedingt, es war Ritas Tür.
Doch keine Rita rief: »Herein!« Nicht ein Laut war zu hören.
»Natürlich nicht«, sagte das Glück zu sich selbst und rollte erwartungsvoll mit den Augen.
»Oh«, flüsterte Rita unter der Federdecke. Sie ahnte, wer da klopfte. So hatte es nie geklopft in ihrem Leben, so überaus zart und willensstark, beides.
Aber ich glaube nicht daran, dachte Rita. Also kann es auch nicht sein.

Rita hatte ihre Tür verriegelt. Das Glück aber schloss nur kurz die Augen und schwebte hindurch wie durch feste Luft.

Jetzt stand es in Ritas Zimmer ohne Fenster und verströmte einen milden Schimmer.

Rita lag währenddessen noch immer unter ihrer Federdecke und begann zu schwitzen. Allerdings kam das auch von der Aufregung.

Aufmerksam sah sich das Glück um. Auf Ritas Tisch stand ein Trinkbecher.

»Rosenkohl könnte man wunderbar mit Ricotta-Käse anrichten«, sagte das Glück mit dieser betörenden Stimme. »So wäre er eine Delikatesse.«

Rita biss sich auf die Lippen und kam langsam unter ihrer Federdecke hervor.

Auf ihrem Stuhl saß ein … Geschöpf.

Was sollte sie sagen angesichts so leibhaftiger Anmut? Und was war das von wegen Rosenkohl? Und wieso eigentlich Ricotta-Käse?
»Das letzte Mal, dass ich Ricotta aß«, sagte das Glück, »… das war vor genau 219 Jahren, ja … in Venedig … Die schwarzen Wellen schlugen an unsere Gondel, die Nacht war sternenklar. Sie war samten, traumgleich, übermütig und kurz. All das zugleich!«
»Mögen Sie … Wiewörter?«, fragte Rita.
Das Glück sah sie freundlich an.
Es wurde Rita jetzt immer leichter ums Herz. Immer leichter ums Herz bedeutet, dass sie spürte, wie von ihrem Herzen ein riesiger Felsblock wich.
Das Glück trug türkisfarbenes Schuhwerk.
»Schuhe sind Ihnen wohl wichtig?«, erkundigte sich Rita.
»Pistazieneis«, sagte das Glück. »Amarena!«
»Mir auch!«, rief Rita. »Und deshalb habe ich ja leider …«

»Ach«, unterbrach das Glück sie und setzte sich auf Ritas Schoß. »Diese Lackschuhgeschichte! Das ist wie eine smaragdgrüne Wolke, die ich einmal in Grönland sah … Ich war ganz vernarrt in sie. Dann aber kam ein Hermelin vorbei. Eine kleine Ewigkeit bewunderte ich nun das Hermelin. Als ich wieder aufsah, war die Wolke verschwunden!«
Rita machte große Augen.
»Vergiss die ganze Sache!«, flüsterte das Glück. »Das ist vorbei und nicht mehr wichtig!«
Es stieg von Ritas Schoß herunter und fragte: »Hast du Kaffee?«
Rita nickte.
»Und Rosinenbrot?«
»Nein, leider nicht.«
Rita war sich sicher, das Glück würde nun wieder gehen – doch es dachte gar nicht daran. Im Gegenteil.
Es sprang auf Ritas Bett und vollführte Hüpfübungen.
»Kein Rosinenbrot«, rief es dabei fröhlich. »Wie schauderhaft!«

Bei all der Einsamkeit hatte Rita völlig vergessen, wie man Gäste behandelt. Schließlich fiel es ihr wieder ein. Auf einem alten Tablett servierte sie dem Glück eine Tasse Kaffee, zwei Scheiben Marmeladenbrot und einen kleinen Apfel. Viel mehr hatte sie nicht zu bieten.
»Psst«, flüsterte das Glück, nachdem es sich dem Essen und Trinken gewidmet hatte. Es legte seine heißen Lippen auf Ritas rotgefrorene Ohren. »Psst!«
Jetzt wurde es Rita wohlig warm, und zwar von innen drin. Das tat so gut.
»Wir wollen Länder bereisen«, flüsterte das Glück. »Städte erwandern. Menschen und Strände!«
Hätte Ritas Zimmer ein Fenster gehabt, so hätte sie jetzt ungläubig vor Freude nach draußen geschaut. Das ging aber nicht. So blickte sie eben auf ihren alten Spülstein und sagte leise: »Ja. Richtig.«

Später wurde Rita müde und beschloss, ins Bett zu gehen. Eben hatte sie sich die Zähne geputzt, nun stand sie im Nachthemd vor ihrem Bett, in dem das Glück schon lag und schlief. Wahrscheinlich träumte es, denn es stieß leise Fauchlaute aus. Vorsichtig legte Rita sich dazu.
Das Glück roch nach Jasminblüten und Autowerkstatt.

Der Rest der Geschichte von Rita Ricotta und dem Glück ist schnell erzählt: Rita und Herr Grandezza veranstalteten ein Fest, zu dem auch Loulou eingeladen wurde.
Das Glück servierte auf französischem Porzellan Rosenkohl zu Ricotta-Käse, mit einem Hauch frisch gemahlenem Safran. Aus Höflichkeit nahm sich Rita ein Herz und probierte. Es war nicht so, dass sie nun gleich begann, Rosenkohl zu vergöttern, das nicht. Aber immerhin, sie aß die Hälfte auf.

Rita, Herr Grandezza und Loulou reisten gemeinsam in den Süden, von wo sie dann nicht mehr zurückkehrten, nachdem sie in einer milden Sommernacht am Strand unter blühenden Mimosen Feigen gegessen hatten, während das Glück dazu als warmer Glanz über den Wellen tanzte.
Sie redeten über die Lackschuhgeschichte, wieder und wieder, bis Rita schließlich einsah, dass sie sich keine schlimmen Gedanken mehr machen musste. Oh, Rita! Sie trug jetzt leichte, hellblaue Kleider und ging manchmal barfuß zum Bäcker.

Rita, Herr Grandezza und Loulou eröffneten einen Laden, wo man seltene Apfelsorten kaufen konnte, wo man für wenig Geld die Haare geschnitten bekam und es ein preiswertes Mittagessen gab.
Immer war das Glück bei ihnen, manchmal beinahe unsichtbar, manchmal bloß ein schwacher Hauch, manchmal wie nicht vorhanden ... mitunter jedoch mächtiger als ein König. Es musste an so vielen Orten gleichzeitig sein, das Glück, es war unverzichtbar wie frische Luft oder Sommerregen.

»Wie war es denn bei Rita Ricotta?«, fragte eines Tages der schwarze Vogel, als das Glück wieder einmal über die gusseiserne Brücke ging.
»Honiglich, glorios und liliengleich«, antwortete das Glück.
»Ach!«, krächzte der Vogel beeindruckt.
»Hast du Kirschen?«, erkundigte sich das Glück.
Der Vogel wusste, dass er dem Glück nichts vormachen konnte. »Richtig! Genau dreiundzwanzig Stück.«
»Behalt sie«, sagte das Glück müde. Es war gerade auf der Suche nach Olli Zack, der vor ein paar Wochen mit seinem Imbiss am Milaneserplatz pleitegegangen war.

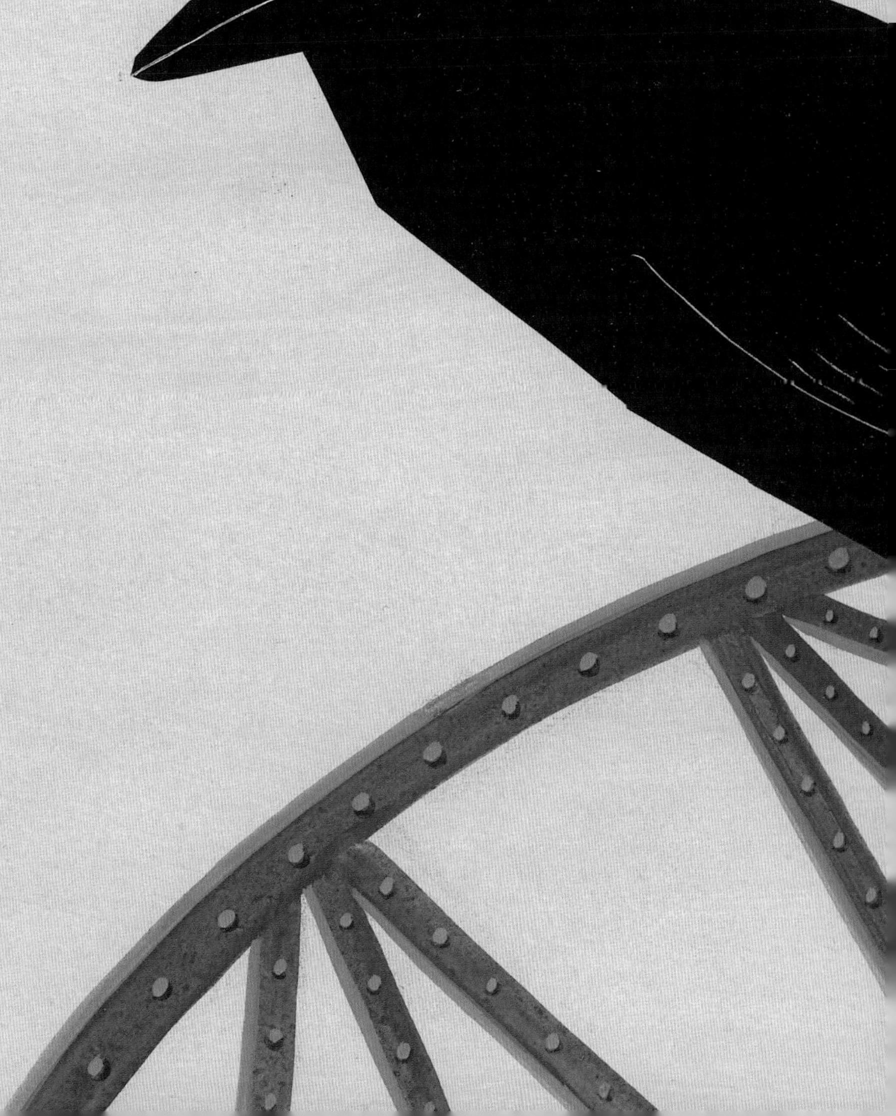

Das Glück legte sich unter eine Geißblatthecke und rollte sich zusammen.
»Morgen«, sagte es leise zu sich selbst und machte die Augen zu. »Morgen Olli Zack. Oder sonst wer. Jetzt nur noch träumen. Von kleinen Füchsen, Aprikosen, Sternenstaub.«

In Erinnerung an Monsieur Ponge – W. G.

Für F und M, danke – I. P.

CARLSEN-Newsletter
Tolle neue Lesetipps kostenlos per E-Mail!
www.carlsen.de

1 2 3 13 12 11

Herstellung: Karen Kollmetz
Lithografie: Zieneke Preprint, Hamburg
Druck und Bindung: Gruppo Editoriale Zanardi, Maniago
ISBN 978-3-551-51744-9
Printed in Italy

# Wie das Glück zu Rita Ricotta kam